W0049119

ALBERT DEXELMANN

Der Tag klingt aus, die Nacht bricht an

ALBERT DEXELMANN

Der Tag klingt aus, die Nacht bricht an

101 ABENDGEBETE

HERDER

FREIBURG · BASEL · WIEN

Umschlaggestaltung: Finken & Bumiller, Stuttgart

Umschlagmotiv: Ghetty Images

Alle Rechte vorbehalten – Printed in Germany

© Verlag Herder Freiburg im Breisgau 2002

www.herder.de

Druck und Bindung: Clausen & Bosse, Leck

Gedruckt auf umweltfreundlichem,

chlor- und säurefrei gebleichtem Papier

ISBN 3-451-27870-7

INHALT

EINLEITUNG

So ein Gebetbuch kann Übergriffe in sich haben.
Ist es nicht eine Anmaßung, Herzensworte vorzu-
geben?
Dem heiligen Geist, der dem Leser auch ohne Buch
gegeben ist, ginge es nicht gut im bloßen Nachlesen
und Nachbeten. Die meisten Gebete wollen Auftakt
sein, Einstimmung für das eigentliche, persönliche
Gebet, das diese Worte hinter sich lässt, ins Schwei-
gen hinein. Es gib auch müde Abende – wem sage
ich das! – Buch zu, Licht aus und wegkuscheln.
Aber viele Gebete sind als Prolog gemeint oder als
Auftakt zu einem gesammelten Schweigen.
Nebensache vor dieser Hauptsache.

ALBERT DEXELMANN

DIMENSIONEN

Ewiger Gott,

tausend Jahre sind vor dir wie ein Tag.

Und dieser eine Tag,

den ich heute beschließe

– eine Winzigkeit vor dir?

Ich erhebe meine Augen zu dir.

Ich beherzige das große Verständnis,

mit dem Jesus sich uns Zeitlichen widmet.

Und ahne, dass du groß von uns denkst

und Großes an uns tust.

So kennst du diesen Tag,

verstehst meine Bitte:

Mach die Frucht groß,

die gewachsen ist

fürs ewige Leben.

Und mach die vielen Sorgen klein.

Sei dafür gepriesen

heute

und an den kommenden Tagen ...

BEGLEITET

Großer Gott,
die Geborgenheit der Nacht...
alle Natur findet sich ein in diese Ruhe.
Es tut mir gut, begleitet zu sein
von der Einfaltung der Blüten
und dem Leisewerden der Vögel.
Auch Mond und Sterne
sprechen mir eine gute Nacht zu.
Dir dazu ein Lob von mir –
eines von den vielen –
und: Amen.

3
IN RUHE

Du ewiger und heiliger Gott,
was für eine Gnade ist es,
wenn wir diesen Tag
in Ruhe beschließen können.
Diesen Herzensfrieden
können wir nicht bewerkstelligen,
nicht mit aller Leistung.
Er ist dein großes Geschenk.
Wir bitten darum
für uns
und für die, die ihn heute Nacht
besonders notwendig haben.
Amen.

4

STUMM

Jesus,
mir fehlen mal wieder die Worte.
Und wie schon so oft
bitte ich dich
um gnädiges Verstummen
jenes Geschwätzes
und hohlen Geräusches,
das ein Teil der Welt
mir einflüsterte –
um ein Einschwingen
in den Grundton der Liebe
und in das Schweigen
der weiten Schöpfung.

5
VERBORGEN GEBORGEN

Guter Gott,
mein Herz liest die Erfahrungen
dieses Tages
und gerät dabei
zwischen die Zeilen ...
Nicht dieses oder jenes ist wichtig,
was passiert ist,
sondern das unwägbare
und unsagbare Wunder der Liebe.
Es hat sich ebenfalls heute ereignet,
wenn es mir auch noch verborgen ist.
Drum kuschele ich mich
ins Verborgene der Nacht
im Vertrauen auf dich,
der du Geborgenheit verheißt.
Hier an dieser Station
meiner Pilgerschaft zu dir,
vorm Aufbruch ins Morgen.
Amen.

ABENDGEBET IM ADVENT

Gott unseres Lebens,
es wird Abend.
Wir halten inne,
erinnern die Wegstrecke dieses Tages,
lassen die Seele nachkommen.
Sie ist gezeichnet
von Projekten und Geschäften
und manchen Sorgen dieser Welt.
Hilf, dass wir das ablegen können –
es gehört nicht so eng zu deinem Reich
und deinem Advent –
eher die Liebe.
Aus den Begegnungen von heute
glüht sie nach.
Auf dein kommendes Reich hin
wärmt sie vor.
Falte unser Wesen ein
in diese Liebe,
birg uns in deiner Hut.
Du empfiehlst uns Wachsamkeit
und gönnst uns Ruhe.
Das kann nur in Liebe geklärt werden.
Da wir das Licht löschen

und die Augen schließen,
atme uns dein Geist
ein und aus.
Andere Hände regen sich
und unser Lobgesang wandert weiter
zu fernen Ländern.
Uns aber schenke tiefe Ruhe
und mitten darin
ein adventliches Harren.

Im Gespräch bleiben

Gott, du hast mich angesprochen.
Heute, mit deinem Wort,
heute in den Begegnungen,
heute in der Hektik,
heute in der Meditation,
heute in offenen Fragen,
heute in dankbarem Staunen,
heute in …
Und ich lausche diesem Tag nach,
spitze die Ohren für deine Ansprache darin –
ob es ein Wort ist, das eingeht in unsere Worte?
Ob es eine Kundgabe war,
die unsere menschlichen Worte
und Gedanken sprengt?
Ich danke dir an diesem Abend.
sage dir auch noch ein Wort von mir -
…
Lass uns im Gespräch bleiben.

8

MÜDE

Guter Gott, mein Körper meldet sich
mit der Erfahrung dieses Tages.
Das Stehen und Gehen,
das Sitzen und Fahren
steckt noch in den Knochen,
in den Füßen und im Kreuz.
Hilf mir, diese leibliche Wahrnehmung
zuzulassen.

So will ich denn diesen Tag beschließen
mit Dankbarkeit zu dir hin
und zu meinen stark strapazierten Gliedern.
Ich lege mich voll Vertrauen nieder
und preise dich.

Mitgift

Gott der Liebe,
diese Liebe, die du mir
in diesen Tag mitgegeben hast –
wo ist sie geblieben?
Ich versuche, mich zu erinnern, aufzusammeln…
Sie scheint vielleicht durch
in guten Augenblicken,
in denen das Leben gelungen ist.
Aber dazwischen ist es nur sehr durchwachsen.
Ich kriege es heute Abend nicht mehr auf die Reihe,
das genau zuzuordnen.
Du aber weißt
um gute Saat und Unkraut,
kennst das eine Notwendige
und entlarvst Schall und Rauch.
So bitte ich:
Hilf mir zur Mitte,
zur Gnade,
zu dem Abendfrieden,
in dem die schlichten, kleinen
Samenkörner ruhen…

LUFT

Gott, mein Begleiter
dieses Tages und dieses Abends –
ich versuche, still zu werden,
den Tag abzuschütteln,
loszulassen,
leer zu werden,
nur zu atmen,
vor allem auszuatmen…
Lieder und Seufzer,
Wimmern und Loben,
Atmen und Pulsieren,
in der Lunge der Schöpfung. –
Mein Atem findet diesen Rhythmus.
Welche Gnade!
Jesus, Bruder,
reines Erbarmen…

FREUNDIN

Jesus, unser Bruder,
du weißt, was für Ängste
die Menschen umtreiben
an der Schwelle zur Nacht ...
Als dunkel und gefährlich
wird sie gar empfunden,
wie eine Verbannung,
aus der du, Stifter des Tages,
uns erlösen sollst.
Nein, die Nacht ist nicht unsere Feindin,
vielmehr unsere Freundin,
die alles gnädig birgt,
was dir und mir heilig ist.
So vertraue ich mich
dieser Nacht an,
auf dass du mich in ihr birgst,
mich umhüllst und trägst
zu den Ufern des Heils ...

LABYRINTH

Jesus, meine Seele
wird nicht untätig sein
in dieser kommenden Nacht.
Ich möchte ihr gerne etwas
mitgeben in die Träume –
ein Wort oder ein Bild
aus diesem Tag.
Aber diese Dunkelkammer
hat ihre Verstecke und Überraschungen.
Und eine weite innere Reise
steht den Eindrücken dieses Tages bevor.
Ich denke, dass du mitmischst
in diesen Labyrinthen.
Stärke in dieser Nacht
mein Vertrauen
aus der Tiefe …

NOCH EIN ADVENTLICHES ABENDGEBET

Gott, du Ziel unseres Lebens.
Wir stellen uns an diesem Abend
in die Ausstrahlung
deiner dreifaltigen Liebesgemeinschaft.
Wir bitten dich um deinen Segen
für unsere Hausgemeinschaft …
für unsere Lieben, die weiter weg sind …
für die Armen und Elenden …
für die Pflanzen und Tiere …
für alles, was du geschaffen hast.
Birg uns in deinem Schutz.
Segne unseren Schlaf und unsere Träume.
Lass uns am Grund unserer Seele
dein gutes Wort hören –
es sei der Segen unserer Ruhe
und der Ruf in den neuen Tag,
Christus entgegen.
So segne uns der allmächtige Gott:
der Vater und der Sohn und der Heilige Geist …

SOLLBRUCHSTELLE

Guter Gott,
der Tag dämmert in das verglühende Abendlicht.
Alles bekommt seinen eigentümlichen Schein ...
Die Dinge scheinen
um eine kleine, heilige Distanz
auseinandergerückt
und dadurch fällt meiner Seele
eine Ahnung ein
von einer anderen Welt.
Es streift mich wie ein Hauch
eine Markierung über den Tag hinaus ...
Harrend dulde ich sie –
und meine Seele
formt stilles Lob ...

SCHLAFENDER FÄHRMANN

Jesus, Wegbegleiter,
mein Wesen sucht den Ort,
wo ich das Haupt hinlegen
und ruhen kann ...
Und irgendwo,
in einer Nische der Seele
ahne ich dunkel:
Die Nacht wird eine Reise –
wie deine Schiffsreise über den See,
wo du im Schiff auf einem Kissen geschlafen hast ...

Stille Wasser und schwere See,
Sturmkatastrophe und Sonnenschein –
durch vielerlei Wasser
wird mein Traumwesen geschifft werden.
Deshalb spreche ich dich an:
Segne mich zur Ruhe und Gelassenheit.
Sprich den Tiefenelementen meiner Seele zu.
Du allein kennst das Flüsterwort,
das ihnen gebietet.

Die wild gewordenen Fremdheiten meiner Tage:
Rufe sie bei ihrem Namen –
dem freundlichen in dieser Nacht.
Verschwistere mich heimlich und neu
mit der Liebe aus Gott.
Sie soll uns in günstige Strömungen bringen.
Und die Solidarität mit allen,
die dann letztlich doch
in diesem einen Boot sitzen,
möge uns heraustragen
aus dem Kampf der Träume.

Schlafender Fährmann:
Du bist mein Segen …

AUFGEDREHT

Vater im Himmel,
wie ein aufgedrehtes Uhrwerk
spult mein Wesen ab
und kommt schwer zum Schlafen …

Ich lasse den Blick deiner Liebe
auf mir ruhen –
auf dass sich aller Krampf löse,
geschäftiges Getriebe auskupple
und herrliche Ruhe
der schieren Liebe
aufblühe
und siege …

RUHEKISSEN

Ja, dieser Stein, o Gott
den Jakob unter sein Haupt legte,
müde vom Tag –
ein hartes Ruhekissen!
Aber es hat ihm heilsame Träume beschert.
Du kennst die Härten auch meines Tages.
Ganz stark verbunden fühle ich mich allen,
die nicht auf Rosen gebettet sind.
Und ich habe von dir etwas kennen gelernt:
dass du den Mühseligen und Beladenen
Erquickung bist.
So leg' denn deine gute Hand
auf unsere armen, müden Häupter
und sprich ihnen einen
gesegneten Schlaf zu.
Danke.
Amen.

MONDLICHT

Mein Gott,
das Mondlicht –
wie selten sehe ich es noch.
Kaum einmal setze ich mich
seiner Umhüllung aus.
So bin ich angerührt von dem,
was die Früheren Silber nannten.
Dir sei Dank:
Ein anderes Licht,
als unsere so genannten Wachheiten
es armleuchtern:
Ja, dieses andere Licht,
ja, diese größere Sicht der reinen Liebe.
ja, dein Segensblick des Wohlwollens –
wie er auf unseren Tagen ruht,
so überschüttet er auch
unsere Nächte mit gleißendem Segen.
Ich stelle mich hinein mit all deiner Kreatur.
Er tut der Seele so gut ...

LOSLASSEN

Jesus, unser Bruder.
Abendstille ...

Loslassen ist angesagt –
Ja, du öffnest den Krampf,
mit dem wir klammern und raffen ...

Und wie ein fernes Lied
macht Seligkeit
kleine Sprünge ...

WELT, GEH AUS!

Jesus,
Bote der göttlichen Liebe.
Die Welt hat sich eingenistet,
lagert sich ab in den Gefäßen
meiner Seele ...

Ich erhebe meinen Sinn zu dir,
der du nicht von dieser Welt bist:
Atme die Freiheit und Stille deines Geistes ...

Lass die Welt ausgehen,
um deiner göttlichen Liebe
eine Wohnung zu bereiten ...

Du, Gast, komm –
zu mir, heute Abend –
maranatha!

GESELLSCHAFT

Heiliger Gott,
ich bete nicht alleine heute Abend.
Guter Gott,
mit einem letzten Blick aus dem Fenster
will ich den Tag verabschieden...
Hinter vielen Fenstern gegenüber
ist das Licht schon ausgegangen.
Andere bleiben hell eingeklebt
in dieses Abendpanorama.
Du weißt, was es geschlagen hat,
hinter all diesen Fenstern...

Ich empfehle dir die Menschen –
groß und klein,
gesunde und kranke –
und bitte dich herzlich
um deinen Abendsegen
für alle...

ENGEL I

Unbegreiflicher Gott!
Dein Flüstern, dein Machtwort,
dein Schweigen –
geheimnisvoll sind sie mir
an diesem Tag angetragen worden.
Dein Geleit, deine Orientierung
und deine Abwesenheit –
wer trägt das mit durch unsere Zonen?
Dein heiliger Engel hat mitgemischt
an diesem Tag
und tut mir weiter die Nacht hindurch
eine Ahnung auf ...
Ich berge mich
in seinem Wirken.
Ob es mich bergend umhüllt,
ob es mich abgrundtief erschüttert –
Ich danke dir, dass du mich
durch das Walten deiner Engel
schützt und begleitest –
über diese Nacht hinaus
mit dem Geschmack
und dem Durst
der Ewigkeit.

TRAGENDE RUHE

Allmächtiger Gott,

was hatte ich mir heute alles vorgenommen!

Was habe ich ausgerichtet?

Ansprüche, Erwartungen, Entschlüsse, Kämpfe,

Einverständnisse, Ergänzungen –

welch ein Geflecht des Gewollten ...

und hoffentlich mittendrin

dein heiliger Wille, dass Liebe walte.

Ich freue mich, wenn es gelang,

ihn hier und da zu tun.

Du weißt, wie oft das Gegenteil

der Fall war ...

Und nun hilf mir,

all die Anstrengung loszulassen.

Ich bitte um deine verzeihende Liebe.

Löse alle Krämpfe

in die tragende Ruhe

deines heiligen Willens auf.

SÜNDE

Vater der Barmherzigkeit,
so harmlos friste ich meine Tage nicht.
Das Milieu dieses Tages war nicht nur heile Welt.
Nüchternheit und Wachsamkeit gegen das Böse
ist mir anempfohlen –
ob ich meinen christlichen Trotz
gegen die schleichenden Versuchungen
in diesem Tag entdecken kann?
Mein Herzschlag pulsiert
zwischen Verlegenheit und Reue…

Ich bitte dich
um Verzeihung und Erbarmen –
und suche darin die tragende Liebe, die mir hilft,
diesen Tag in Frieden zu beschließen
und mich deiner Zukunft zu öffnen…

25
SPONTAN

Gott meiner Tage und Jahre,
dieser Tag möchte mit dem Abend
wieder einmünden in deine Liebe.
Manches lief nach Plan...
Es gab auch Unerwartetes...
Spontanes...
Störungen...

Jesus konnte viel aus solchen
ungeplanten Situationen machen.
Deinen heiligen Willen hat er da
ganz kreativ entdeckt.
Ob meine Antwort auf deinen Willen
ein wenig beseelt war von seiner Anstiftung?
Alles, gelungen oder unvollkommen,
auch das Scheitern, sei dir anempfohlen.
Und besonders die Leute,
die mir dabei begegnet sind...
und die lieben und die nahen und fernen Freunde...

NACHTKERZE

Gott allen Lebens,
wie faszinierend ist diese als Unkraut
behandelte Pflanze, die auf Schutthalden
und Bahndämmen wächst –
in der Abenddämmerung blüht sie auf.
Ich kann zuschauen,
wie sie binnen fünf Minuten
ihre kunstvoll verpackten Blüten entrollt,
die gelben Blütenblätter ausfaltet
zu einem Kelch, der matt leuchtet
im letzten Tageslicht ...

Den ersten Duft der Nacht
verströmt diese eigenartige Pflanze –
tut sich auf nur für diese eine Nacht
und den kommenden Tag.
Ja, das ist es.

Im Nachtwerden ist nicht nur
ein Abräumen und ein Abschluss.
Irgendwo hast du, Gott, auch mir
ein verborgenes Organ gegeben,
das aufblüht,
während die Tagesreste eingepackt werden.
Ich falte es blütenhaft auf, dir entgegen –
danke …

BEHALTEN UND VERGESSEN

Gott meines Lebens,
was werde ich vom heutigen Tag behalten,
was vergessen?
Ich will die Spuren der Freude
und der Liebe
fest ins Gedächtnis nehmen
und auch das unerquickliche Vergessen.
Ich kenne mich ja:
Das habe ich nicht allein in der Hand.
So wende ich mich denn an dich,
der du besser weißt, was erinnernswert ist
an diesem Tag
und was ich getrost vergessen kann ...
Hilf mir, das Gute im Herzen zu bewahren.
Ich lasse alles los auf dich hin
und deine Herrlichkeit.
Segne mein Behalten und Vergessen ...

VERBORGENE KAMMER

Vater im Himmel,
die verborgene Kammer,
die uns Jesus anheim stellt,
dieser Ort, der der Liebe
und Freude zu dir hin gewidmet ist ...
Ich betrete ihn heute Abend –
mehr oder weniger bepackt
noch mit der Mühe des Tages,
mehr oder weniger entlastet
von deinen Verheißungen ...
Ich lasse mich nieder
und danke für diesen Ort,
der überall sein kann ...
Hier und jetzt einfach vor dir
still werden können ...

Welche Wohltat und Gnade!
In dieser Stille fühle ich mich getragen
von der breiten Solidarität der vielen.
In der Herrlichkeit der vielen
verborgenen Kammern begütigst du uns,
unseren Dunkelheiten zu trauen,
verborgener Gott, unser Heil.

In der Menge deiner Wege

Gott unserer Wege –
manche haben diesen Tag
an einer Stelle verbracht,
manche waren weit unterwegs
und schnell –
All das ist nicht in den Autos, den Zügen
und in Kleidern stecken geblieben.
Wir sind geprägt von dieser Form
der Alltagspilgerschaft.
Und nun: zur Ruhe kommen
und Ausschau halten
nach dem inneren Ziel.
Aus deiner Offenbarung wissen wir,
dass du nicht unbeweglich und unbeteiligt
abseits verharrst,
sondern mitgegangen und mitgefahren bist.
Danke für deine Wegbegleitung
durch diese Tage hindurch:
Bleibe bei uns ...

30
ABSCHLUSS

Guter Gott,
wie hast du das verteilt?
Da gibt es Leute, die können gut abschließen –
sie ziehen einen Strich unter diesen Tag
und harren getrost der Dinge, die da kommen.
Aber es gibt auch andere:
Sie tun sich furchtbar schwer damit.

Manchmal gehöre ich zu den perfekten
    Beschließern,
manchmal hängt mir so vieles vom Tag noch nach.
So bitte ich denn um die Gnade,
diesen Tag loszulassen mit all seinen
    Wichtigkeiten.
Aber lass mich nicht schnöde vergesslich werden.
Alles lege ich in deine Hand ...

HEILE MEINE AUGEN

Guter Gott –
erinnernd, was meine Augen
heute schon alles gesehen haben,
merke ich, wie strapaziert und müde sie sind…
Du hast mich in eine Zeit gestellt,
in der das Sehen stark beansprucht ist:
Schriften, Signale, Plakate, elektronische Bilder –
auf die Dauer sieht sich die Seele müde daran,
die Augen trocknen aus.

So bitte ich dich, da ich die Augen schließe:
Heile sie, bade sie in der Tränentaufe.
Mach die gesunden Bilder darin stark.
Gib besseres Licht durch die Schau deiner Liebe.
Ja, dein Blick ruht auf mir
im Eingang und Ausgang dieser Nacht.
Gesegnet fallen mir die Augen zu…

MELODIE DES TAGES

Gott, du geheimnisvoller
Grund unseres Lebens –
Still werden ist gar nicht so einfach.
Wenn ich auch die äußeren Geräusche
allmählich loswerde,
klingt der Tag doch innen in mir nach.
Und ich lausche hinein,
ob in alledem ein Klang ist, der gilt?
Ein Ton, der den Grundton des Lebens aktiviert,
wie es gemeint ist?
Eine Überraschung und Irritation
auf Zukunft hin?
Ein Missklang, der nicht verschwinden will?
Ein Hören, das mich dankbar mitschwingen lässt –
mit dem Liebesklang aus dir?

Gut, dass du uns Zeitliche
mit alledem durch die Träume schickst.
Und wenn es auch nur ein kleiner Ton ist
aus der Melodie dieses Tages,
den du einbaust in die Klänge
über den Tag hinaus –
ich will Lob sein dafür.

FENSTER

Barmherziger Gott,
so, wie ich das Fenster öffne,
holt meine Seele am Abend tief Luft –
zu dir hin ...
Manches wird frei in ihr
durch einen tiefen Seufzer ...
Deine Ferne und Weite,
deine Nähe und Vertrautheit –
den Lebensraum dieses Tages
hast du mir damit berührt ...
Sprich dies Öffnen an
und sage mir dein gutes Wort
in die kommende Nacht hinein ...

ANKUNFT / AUFBRUCH

Gott meiner Lebenswege,
hier bin ich an diesem Abend.
Ja, es ist wie eine Ankunft,
dein Willkommen erwartet mich.
Ich bin Jesus dankbar
für seine gute Nachricht
von deiner gutheißenden Aufnahme –
Ja, ich weiß:
Auch Aufbruch ist angesagt,
kleines Gepäck der Seele,
gewärtig sein für deinen Ruf.
Aber willkürlich wirst du
uns nicht aufscheuchen –
so gönne ich mir denn
in dieser Nacht ein Ausruhen
in deinem Willkommen.
Und alles, was die kommenden
Aufbrüche angeht –
das überlasse ich
deiner fürsorgenden Güte
und Geduld ...

SPIEL

Guter Gott,
da du mir heute Abend wieder
die stille Kammer öffnest,
in der deine Güte
meine Liebe ruft,
lasse ich den »Ernst des Lebens«
mal schön draußen
und traue mich,
vor dir zu spielen –

wie ein Kätzchen in der Abendsonne –
wie ein Flatterband im Wind –
mein Spiel sei heute mein Gebet …

KREATUREN

Gott, Schöpfer aller Kreatur,
am Abend stiftest du deine Schöpfung an
zu geschwisterlich heilsamen Zeichen:
spürbarer Abendwind,
Pflanzen, die sich jetzt einfalten,
Tiere und Gerüche,
Sonne und Wolken –
sie spielen mit in diesem Abendkonzert,
malen mit an diesem Abendpanorama.

Danke, Schöpfer,
für die vielen Impulse,
die meine Seele segnend anstiften und begleiten.
Danke für all diese Geschwister,
die mir die Tiefe
deiner väterlichen Güte erschließen –
Grund für gute Ruhe ...

LICHTER

Jesus, Licht und Leben –
Lampen überbrücken die Dämmerungen
und machen die Nächte zum Tag.
Wir tippen Schalter an und machen Licht –
selbst das geht oft schon automatisch.

Ich weiß, dass sich die Seele
nicht so einfach heimleuchten lässt
in ihre Nächte hinein
und dass sie in der langsamen
Dämmerung besser begleitet ist:
durch das Geheimnis der Liebe,
das du uns in der Seele mitgibst.

Brennende Flammen und glühende Dochte,
das Vergehen des Dunkels legt sich darum.
Du aber weißt,
wie in dieser Nacht das Licht behütet
und durchgetragen wird.
Sei du Schutz
und Erleuchter der Seligkeit...

ELEND

Gott des Mitleidens,
wenn ich mich hier in Frieden
hinlegen kann, so will ich es dir
von ganzem Herzen danken.

Gleichzeitig weiß ich aber,
dass viele Menschen auf der Welt
in schlimme Nächte hineingehen –
Nächte der Vertreibung und des Terrors,
Nächte der Gefangenschaft und Unterdrückung,
schlaflose Nächte mit großen Schmerzen ...
Zur Solidarität mit ihnen lädst du mich ein:
Da bist du zu finden.
Halte mich in dieser Spur.
Wie die Engel sollen auch
die Seufzer der Elenden
neben meinem Schlaf stehen
und deinen Verheißungen
Raum geben ...

NACHTGEBET DER LIEBENDEN

Gott der Liebe,
grundloser Grund –
wir mögen uns
und freuen uns auf die Nacht
als unsere Liebeszeit.
Wir danken dir
diesen göttlichen Bereich.
Und was wir einander
mit Leib und Seele geben,
es gilt auch dir
im Großen und im Kleinen –
Zärtlichkeit,
Ekstase,
Sehnsucht,
Seligkeit …

WIE VIELE WELTEN?

Gott des Universums,
am Abend werden wir klein vor dir.
Die Größe und Weite unseres Horizonts –
Millionen von Lebewesen schauen sie…

Mond und Sterne, Planeten und Trabanten,
Milchstraßen und Sonnensysteme –
all die Welten, die wir wahrnehmen können,
sind ungezählt.
Dahinter tun sich wieder andere auf,
viele bleiben uns ganz verschlossen –
und da sind wir hier winzig, irgendwo.
Wir sprechen dich an
und machen unsere Hoffnung an dir fest.
Denn deine Größe und Güte
mag die Kleinen…

OFFENE FRAGEN

Unbegreiflicher, guter Gott,
heute Abend schaue ich mit dir
auf die kleinen und großen
Fragen meines Lebens.
Vielleicht haben sich welche gelöst davon
und ich ahne Antworten …
Andere Fragen bleiben …
Ja, sie werden vielleicht schmerzlich mehr.
Ich habe ja schon ein bisschen Wegerfahrung –
du und ich in diesem Fragengelände.

So bitte ich dich
um deine Dialogpartnerschaft
in allen Fragwürdigkeiten.
Dann kann ich auch mit vielen
offenen Fragen schlafen,
aufstehen, lieben und hoffen.

ALTE ABENDLIEDER

Gott meiner Kindheit,
hin und wieder fallen sie mir ein:
die Reime der alten Abendlieder.
Ihre Melodien und Segnungen scheinen mich
unbewusst zu begleiten,
große Schätze wurden mir da
in die Wiege gelegt.
Dafür danke ich dir von Herzen.

Inzwischen hat das Leben
andere Saiten aufgezogen.
Und auch manche Geräusche dieses Tages
wollen nicht so ganz passen
zu diesen einfachen Welten.
Aber ich will sie nicht verleugnen:
die heilenden Töne, die mein Wesen braucht.

Ich lege mich nieder im Vertrauen
auf die Schlichtheit des Herzens,
die ich von deiner Gnade erhoffe
– über diese Nacht hinaus …

43
EINFALTEN

Liebender Gott,
Regenschirme sagen mir etwas
von der Kunst der Einfaltung –
Mohnknospen und Schmetterlingslarven auch.
Ich bitte dich: Hilf mir heute Abend,
mich zurückzunehmen aus allen Sperrigkeiten
und Aufgeblasenheiten auf das kleine Maß.

Der Blick auf Jesus hilft mir dabei –
das Beispiel von Leuten,
die du selig gepriesen hast, auch.
Du weißt um die kunstvollen Knicke und Faltlinien,
die du meiner Seele eingedrückt hast.
Hilf mir zu liebevoller
und segensreicher Einfaltung…

44
SCHWUND DER ZEIT

Gott meiner Lebenszeit,
wieder ist ein Tag davon rum und vorbei.
Manchmal betrübt mich der Schwund der Zeit ...

Ewiger Gott, im Blick auf deine Liebe
lass mich diesen Tag beschließen.
Du hast uns viel Zeit des Segens
und der Erfüllung geschenkt.
Du verheißt uns Seligkeit
über diesen Tag hinaus ...

So nimm meiner Seele
die Angst vor dem Vergehen,
heile diese Traurigkeit der Zeit
und nähre mein Vertrauen
in die künftigen Güter,
die die Zeit überbieten ...

GEBET FÜR SCHLAFLOSE I

Vater im Himmel,
was wird dies wieder für eine Nacht sein?
Du kennst das unleidliche Herumgeistern
meiner Seele, wenn sie keinen Schlaf findet.

Mal richtig durchschlafen und
ausschlafen zu können,
das wäre eine prima Sache!
Aber so werden mir wieder nur
kleine Bruchstücke von Schlaf vergönnt sein.
Lass mich darüber nicht bitter werden –
du allein weißt, welchen Sinn es hat,
dass du mich so intensiv
durch das graue Zwischenreich
fehlenden Schlafs schickst.

Ob es gut ist, wenn ich als Proviant
gute Melodien, ein ruhiges Atmen
und ein Herzensgebet mitnehme?
Ein Wachen zur Unzeit
hast du denen auch angesagt,
die harren auf den Herrn.
Gut, dass mir in alledem ein Wort kommt,
das zu dir hinreicht.
Dein heilender Segen trage mich.

46
ENTWICKLUNG

Guter Gott,
wie ein Fotofilm
kommt mir das Erleben dieses Tages vor.
Und ich würde ja so gerne schon
die Bilder sehen, die gültigen Eindrücke
über den Tag hinaus ...
Aber das will erst entwickelt werden,
muss durch die Dunkelkammer
dieser Nacht hindurch.
Und noch durch manche Zeit,
in der du mit dem Gedächtnis meiner Seele
die Frucht der Liebe wachsen lässt.

So vertraue ich mich dieser Nacht an,
indem ich all die Bilder dieses Tages loslasse
und gespannt bin ich, was daraus wird –
wenn es denn mit Liebe belichtet ist,
von guten Freunden, von dir und mir ...

47
SCHÖPFUNG

Ein später Blick ist es,
den ich auf deine Schöpfung richte.
Ja, meine Seele hat vom Morgen an
schon oft dorthin geschielt.
Aber du weißt ja,
was meine Augen gehalten hat.

Nun aber suchen sie das Grün,
die Weite des Horizonts, das Abendrot…
Lass mich die Zeit vergessen,
den Vögeln und Winden nachsinnen.

Wenn's mich auch wegträgt
von den Kammern manch schwer geprüfter Seelen,
so fasziniert mich doch diese Weite.
Du hast deine Kreaturen eingestreut
in gedeihliche Räume…
ich betrachte sie und darf tief durchatmen…
Ja, ins Unermessliche
geht mein Abendschauen über…
Ich danke dir dafür.

... ER IST NUR HALB ZU SEHEN

Geheimnisvoller Gott,
ja, es ist nur eine kleines Stück davon,
nur ein Teil alles Seienden, den wir wahrnehmen.
Am Abend bekomme ich
eine eigentümliche Ahnung
von der anderen Hälfte ...
Dies mir Unbekannte und Unbewusste gehört dazu –
und mitten darin das Grundgeheimnis deiner Liebe ...

In seine Ausstrahlung staune ich mich hinein,
da tun sich durch die vielen Welträtsel hindurch
die Augen meiner Seele auf,
die vom Diesseitigen gehalten sind.
Die äußeren Augenlider werden mir schwer.
Gib durch die Vorahnung der anderen Welt
meiner Seele eine Orientierung ...

Lass mich spüren: Ja, für diese Liebe
bin ich gebaut, auf diese Heimat geht es zu –
wo du mir eine gute Zuflucht
auf der unbekannten Seite des Lebens bereitest.

49
VOM FLECK GEKOMMEN?

Gott unserer Wege,
äußere und innere Wege
haben wir heute zurückgelegt.
Wir schließen die Augen
und gehen Geschehenes noch einmal durch
mit dir ...

Selig, wer heute Abend deutlich spürt,
dass er innerlich weiter gekommen ist.
Du aber lässt auch die nicht ohne Begleitung,
die Umwege und Holzwege gegangen sind.
Wer weiß, ob wir überhaupt
vom Fleck gekommen sind!

Bleibe bei uns.
Segne unsere Ruhe.
Segne unsere Pilgerschaft.

50
STERNE

Oh, die Sterne, mein Gott –
seit Urzeiten sprechen sie
zu uns Irdischen von gleichmäßiger Bahn,
von gesegnetem Geleit
und von Unermesslichkeit,
die Staunen stiftet.
Ich lasse mir die Seele
markieren von diesen Punktlichtern,
merke etwas von dem anderen,
geheimnisvollen Maß ...

Ich kenne (kaum) die Bedeutungen,
die man den Sternfiguren gegeben hat.
Aber ich danke dir, Gott,
für ihre freundliche Begleitung.

So flüstern die Sterne
mir etwas von dem Abendsegen,
mit dem du deine Welt beschenkst.
Höre mein stilles Danken.

ALLES ZU SEINER ZEIT

Man sagt, o Gott:
»Der Mensch gewöhnt sich an alles« –
so auch mancher Schicht- und Nachtarbeiter.
Aber ich meine, dass es nicht allen so geht,
die heute Abend ihre Schicht beginnen:
den Zugführern und Lokfahrern,
den Maschinisten und
den Nachtwachen im Krankenhaus...
Die Nacht wird ihnen zum Tag und
manchen wird der Biorhythmus
empfindlich gestört.

Und doch brauchen wir sie.
Ich empfehle sie dir heute Abend besonders.
Da ich mich auch ihrem Durchwachen verdanke,
wird mir dies zu einem besonderen Segenszeichen.

DAS ZEITLICHE SEGNEN

Gott meiner Tage,
dieser Tag ist erfüllt.
Einer wird mein letzter auf Erden sein.
Eine gute Tradition empfiehlt mir,
am Tagesende das Lebensende
zu beherzigen.
Berührt mich dieser Gedanke?
Muss er umgewertet werden in meinen Prioritäten?
Wie schaue ich auf meine Vergänglichkeit?
Ich halte mein Herz in deinen rettenden und
läuternden Blick,
– erwäge den Ernst der Prüfung
aber auch die Gelassenheit der Liebe,
die Jesus uns empfiehlt ...
– lasse mich prägen und trösten
von seinen Verheißungen ...
– und rufen von den vorausgegangenen.
Über den Tod hinaus hast du uns
neue Schöpfung versprochen –
daraufhin lobe ich die kommende Welt ...

Gebet für Schlaflose 2

Jesus, du weißt es,
auch leidliche Schlaflosigkeit
kann sich noch steigern.
Die Seele lebt in der Gefahr,
in ein Gelände zu kommen,
das mit apokalyptischen Schreckensbildern
vermint ist.
Du aber hast uns Mahnbilder zum Heil gegeben,
willst damit gute Hoffnung anstiften.

So bitte ich dich:
Bewahre mich davor,
dass mir mein bisschen Restschlaf
auch noch geraubt wird
durch die Feuerbilder endzeitlicher Katastrophen.
Lass mich aus deiner Liebe
gelassene Hoffnung finden,
nähre meine Seele daraus,
damit sie sich nicht verstresst
und verzehrt in Ruhelosigkeit.
Und lass mich auf diesen holprigen
und steinigen Wegen Eingang finden
in gesegnete Tage und Nächte ...

KÖRPERGEBET – RÜCKEN

Gott, Schöpfer und Erlöser meiner Glieder,
bevor ich mich niederlege,
spüre ich noch einmal meinen Rücken –

Er sagt mir viel von diesem Tag:
von aufrechtem Gang,
von Übereinstimmung mit meiner Mitte,
von Lasten und Verspannungen,
von Krümmungen und Windungen …

Du hast mir die Körperachse eingepflanzt
und eine Ahnung, dass deine Erlösung
durch Mark und Bein geht …
Dank für die Entspannung und Entlastung
der Nacht.
Sie ist angesagt und Solidarität
mit all den Mühseligen und Bepackten –
und ein Harren deiner wohltuenden
Aufrichtung entgegen.

KÖRPERGEBET – KOPF

Jesus –
mein Kopf ist schwer geworden
zum Abend hin.
Der du nicht wusstest, wo du dein Haupt
hättest niederlegen können,
du kennst diese Schwere …

Ja, es gib viel, viel, was runterzieht –
schwere Gedanken und Erfahrungen,
sicher ist auch Erlösung angesagt:
von mancher Verkopfung –
die nicht immer das Sagen haben muss.

Und doch erhebe ich auf dein Wort hin
noch einmal das Haupt.
Ich danke dir für die herrliche Würde,
die du mir unsichtbar
in die Stirn tätowiert hast.
Halte mein Wesen dir entgegen.

Leg deine Hand auf mich.

SEGEN

Himmlischer Vater,
ich höre mich hinein
in die Restgeräusche dieses Tages ...

Ich schaue in das schwindende Licht und horche:
Viele Töne lassen deinen Segen anklingen.
Schau manch glimmenden Glanz im Aufblinken.
Spuren, die mir etwas weisen
von deinem Abendsegen.

Du sollst das letzte Wort haben:
dein Segenswort der Liebe ...

57
LEITMOTIV

Gott, du geheimnisvoller Grund unseres Lebens.
Still werden ist gar nicht so einfach.
Wenn ich auch die äußeren
Geräusche allmählich loswerde,
so klingt der Tag doch innen in mir nach.
Ich lausche, ob in alledem
ein Klang ist, der gilt?
Ein Ton, der den Grundton des Lebens
aktiviert, wie es gemeint ist?
Eine Überraschung und Irritation auf Zukunft hin?
Ein Missklang, der nicht verschwinden will?
Ein Hören, das mich dankbar mitschwingen lässt
mit dem Liebesklang aus dir?
Gut, dass du uns Zeitliche mit alledem
durch die Träume schickst!

Und wenn es denn auch nur ein winziger Ton ist
aus der Melodie dieses Tages,
den du einbaust in die Klänge
über diesen Tag hinaus,
ich will Lob sein dafür.

58
VERSTORBENE

Vater im Himmel,
da der Tag hinter uns liegt,
strecken wir uns noch einmal aus
nach deinem göttlichen Bereich.
Und die Verstorbenen fallen uns ein,
die nahen und vertrauten –
und verblasste Namen ...
...
...
Wir empfehlen sie dir heute Abend besonders.

ETWAS SPÄTERER NACHKLANG

Nein, o Gott,
die Abendstille ist für mich
nicht leer und tot.
Denn an ihrem Grund
bewegt sich etwas
in wundersamem Gleichmaß.
Darin pendle ich mich ein
und ahne die nachschwingende Kraft
der Liebe,
mit der ich ins Leben getragen wurde.
Der Rhythmus der Wiegenlieder,
mit denen ich, kaum auf der Welt,
in den Schlaf gesungen wurde.
Dankbar gehe ich darin auf und versuche,
es der Mutter zurückzusingen
und dir und allen, die geschaukelt haben,
geflüstert, gesungen und geliebt.

60

KÖRPERGEBET – FÜSSE
(MIT NACKTEN FÜSSEN ZU BETEN)

Jesus,
ich spüre meine Füße –
abgetreten und abgelatscht
haben sie die Tageserfahrung gespeichert.
Bin ich in den Stand gekommen?
Konnten sie eilen, hüpfen, tanzen?
Habe ich sie mir in den Leib gestanden?
Küsse sind den aufgescheuerten
Füßen der Frohbotschafter angesagt,
die den Versprengten ins Gebirge
nachgestiegen sind.
Und die Frau mit der sündhaft teuren Salbe
hat deinen weggeprüften Füßen
viel Zärtlichkeit gewidmet.
So will ich denn heute Abend auch
gut zu meinen Füßen sein,
dir dabei von Herzen danken
für den aufrechten Stand
und jeden Schritt, den ich gehen durfte.
Sag meinen Füßen etwas
von ihrer Pilgerberufung:
zu tragen auf die Seligkeit hin ...

KÖRPERGEBET – OHREN

Vater aller Menschen,
du hast mir das Gehör eingepflanzt,
ein Organ zur guten Orientierung.
Den ganzen Tag über hat es eine Menge
Geräusche mitbekommen.
Und das lief alles quasi so mit
in den reizüberfluteten Szenarien.
Jetzt wird es allmählich ruhig.
Ich lausche den Restgeräuschen des Tages nach.
Mache mein Ohr so langsam leer
und aufnahmefähig für das stille
Mitschwingen mit deiner Güte ...

WEITE

Guter Gott,
wovon kommt das, dass mein Wesen
eng und kleinlich wird
im Laufe eines solchen Tages?
Von der Konzentration?
Vom Lesen?
Vom Verkehr?
Jedenfalls soll jetzt am Abend
Schluss sein
mit diesem krampfhaften Tunnelblick.
Du machst mich empfänglich für Zeichen,
die mir eine weite Sicht weitergeben.
Verklingendes Vorbeifahren –
seitlich streifender Vogelzug –
und das Abendlicht, o Gott,
das der Himmel über der Dämmerung trinkt.
Dieses Weiterwerden danke ich dir
und bin damit auch an der richtigen Adresse
mit den Anliegen dieses Tages.
Ordne alles gut ein
nach deiner rettenden Sicht …

63
ENGEL 2

Wahrhaftiger Gott,
ich brauche ihn,
deinen Engel, der begleitet.
Das Klima des göttlichen Bereichs –
konnte es heute an manchen Stellen
angestiftet und eingefriedet werden
oder musste es einen Kältetod sterben?
Alleine fehlen mir die guten Knospenworte,
die weiten Arme,
um die Zonen zu erschließen
und zu behüten,
wo du das Leben gedeihen lässt,
wie's gemeint ist.
Danke für das Dasein und die Hilfe der Engel.
Ich vertraue ihnen auch die an,
die besondere Hilfe brauchen
in dieser Nacht und überall,
wo sich dein Reich auftut
auf der Engel Losung hin ...

KLEIDERRELIEF

Gott, schau meine Klamotten –
wie sie daliegen, zeichnet sich
mein Körper noch in ihnen ab.
Hin und wieder erinnern sie mich
an das Geheimnis des Verpuppens und Reifens.
Durch Jesus rufst du mich,
Lebensarten hinter mir zu lassen,
die dein Reich behindern.
Meinst du, ich bin schon ausgepellt
in die reife Lebensform, die du mir ansagst
und zutraust?
Danke für deine Geduld.
Danke für ein Klima der Reife ...

65
ABENDSTILLE ÜBERALL?

Gott der Ruhe,
selten genug
erfahre ich sie noch:
die Abendstille.
Es bleibt meist viel zu laut,
auch wenn die Tagesgeräusche
langsam verklingen.
Du weißt, wie meine Seele
sich dabei verdünnt
im Umherschweifen.
Hilf mir, selber etwas
stiller zu werden.
Und lass mich ein wenig ahnen
von dem Klang deines guten Wortes,
das du entpuppst
im Leiserwerden.
Ihm zu lauschen,
das hält mich im Innersten
zusammen.

TAGESSCHAU

Vater aller Menschen,
die Welt hält Tagesschau.
Da will auch ich mit dir anschauen,
was von den Erlebnissen dieses Tages
zu beherzigen ist –
Sensationelles und Alltägliches,
freudige Ereignisse und Anlässe zur Klage
...
...
Lass alles reifen und Frucht bringen
nach dem Maß deiner Gnade ...

TAGEBUCH

Gott meiner Tage,
mit dir führe ich so eine Art Tagebuch.
Vielleicht nicht gerade jeden Tag,
aber es hat schon viele Eintragungen.
Ich brauche nicht lange am Bleistift zu kauen,
wenn ich es dir sage:
Wie ich in den Tag hineingegangen bin,
was mich gestützt hat,
was es für Probleme gab,
was vielleicht das Wichtigste war.
Du willst es wissen
wie von den Emmaus-Jüngern so auch von mir.
Und wenn wir viel Zeit haben,
dann lass uns noch erzählen,
von den scheinbaren Kleinigkeiten
und Nebensachen
und darin die Schätze
deiner überfließenden Gnade entdecken …

68

FÜR FERNSEHER/INNEN

Gott im Himmel,
manchmal denke ich:
Ich bin im falschen Film.
Was heute wirklich los war,
das wird überlagert
von den Filmen und Shows,
die ich mir heute Abend
reingezogen habe.
Ob meine Seele es schafft,
all das mit Träumen zu verarbeiten?
Ich möchte ein inneres Auge behalten
für die Realität deiner Liebe,
die in gewisser Weise
nicht von dieser Welt ist.
So lass mich durch all das
Fernsehen hindurch
reifen
für die Funken schlagende
Begegnung mit deiner Realität
in dieser Welt
und auf die kommende hin ...

Nach einem Abendtermin

Mein Gott, welch starker Abend –
bei dieser Sitzung, in dieser Begegnung,
bei diesem Konzert, dem Theaterabend …
Was ich da erlebt habe, das ist
noch nicht abgeschlossen.
Die Eindrücke lassen sich nicht einfach abstellen.
Wie schön, wenn es gute Eindrücke sind,
solche, die du mir zum Beherzigen
einprägen willst.
Wenn aber Wichtigtuereien
und Verteilungskämpfe
von heute Abend sich stark machen,
um mir den letzten Schlafrest zu rauben,
dann brauche ich dich noch für mehr:
zum Loslassen.
Gönne meinen müden Seelenaugen
einen Ausblick deines Reiches.
Lass mich darin Ruhe finden.
Rücke alles zurecht, was mir heute Abend
diesen Blick versperrt …

WUNDER:
SCHLAF-/WACHRHYTHMUS

Heiliger Gott,
es ist ein großes Wunder um das Wachen
und Schlafen.
Du hast deiner Schöpfung diesen Lebensrhythmus
ganz tief eingepflanzt.
Ich brauche es mir nicht zu richten,
es kommt selbst aus der Tiefe des Unbewussten:
ein Aufwecken am Morgen
und das Einfalten zur Ruhe am Abend.
So ist es an mir,
das bewusste Gestell des Tages einzupacken
und mich ganz den Rhythmen zu überlassen,
die in meiner Tiefe walten –
aus- und einatmen, Tag und Nacht –
hier durchpulst du erneuernd mein Wesen.
Ich danke dir dafür.

RUHEKISSEN?

Gott, du Geber alles Guten,
»ein gutes Gewissen ist ein sanftes Ruhekissen« –
so sagt das Sprichwort.
Ich bin mir nicht so sicher, ob ich mich
heute Abend so einfach darauf betten kann.
Denn das hört sich auch nach Alibi an.
Wenn mich tagsüber das Elend nicht kratzt –
wie sollte ich in solcher Teilnahmslosigkeit
echte Ruhe finden?
Es bleibt so vieles offen, unerhört,
ungetan, unerledigt, ungeliebt!
Trotzdem bitte ich um eine gute Ruhe
und zu der Zeit,
in der du meine Aufgewecktheit brauchst,
um eine waches Herz.
Schließlich kannst du in der Stunde des Heils
wohl unausgeschlafene Leute
schlecht gebrauchen.
So lass mich denn auch heilsame Ruhe finden...

Beseelt

Gott meiner Seele,
ich frage sie, meine Seele,
ob das ihr Tag war,
ob sie sich hat verstecken müssen,
ob sie verrutscht und verbeult und
wundgescheuert wurde im Tagesstress,
oder ob sie aufgerichtet wurde,
gedeihen und aufblühen durfte.
Wo bist du aufgelebt, meine Seele?
Wo wurdest du geprüft?

Danke, guter Gott,
für die beseelten Zeiten dieses Tages.
Und so bin ich nicht der erste,
der heute Abend seiner Seele ansagt:
Lobe den Herrn, meine Seele,
und vergiss nicht, was er dir Gutes getan hat!

73
FREUND/INNEN

Du Gott der Liebe,
mag ich mit meinem Beten heute Abend
auch nicht viel auf die Reihe kriegen,
so trete ich doch in den Kreis der Leute,
die ich besonders mag.
Irgendwie sind sie ja spurenhaft
immer nahe im Beten.
Heute Abend erinnere ich sie besonders.
…
…
Ob nah oder fern,
ich spüre deinen guten, segnenden Blick
auf jedem von uns ruhen,
auf allen Freuden und Sorgen,
auf aller Verbundenheit –
ein tiefer Grund, dich zu loben …

74
MÜDGESICHT

Jesus,
auch mein Gesicht ist müde geworden.
Der Tag hat sich darauf eingedrückt
mit Wohltaten und Strapazen,
mit all dem, was mich heute
gezeichnet hat
auf dieser Gesichtshaut,
an dieser Schnittstelle zwischen innen und außen.
Ob ich das Abgelebte auch abnehmen kann
wie eine Larve oder Maske?
Du, Jesus, kennst mein wahres Gesicht
und wenn ich es verloren habe,
wenn es Erneuerung braucht,
dann wirke sie im Blick deiner Liebe ...

75
Uhrlos

Gott meiner Lebenszeit,
ich lege die Uhr ab
und lasse damit endlich auch
das getimte Leben außen vor,
gönne es mir von Herzen,
die Zeit vor dir zu vergessen.
Schließlich hast du mir noch ganz andere,
innere Zeitmesser gegeben:
Welche Stunde hat es geschlagen
auf dein Reich hin?
Trage mich im Rhythmus
dieses Entgegenwachsens...

MEDIEN

Guter Gott,
Internet und Nachrichtenmagazin –
ist das nicht deine Wellenlänge?
Bist du lieber direkt –
ohne all die Medien angesprochen?
In der Schule Jesu haben wir
ein paar Liebesschritte gemacht
und dabei zu ahnen bekommen,
dass deine Mitteilungen
sich anderer Medien bedienen:
einfache Liebe, Vertrauen
und geschwisterliche Solidarität.
Danke, wenn es uns heute gelungen ist,
mitzuknüpfen durch Liebe an diesem Netz.
Hilf uns, die ausgerissenen Stellen zu flicken.
auf dass unser Miteinander dahin gedeiht,
dass wir Medium deiner Liebe sind …

GOTT DER GNADE

Ja, das ist mein Ding, dieser Tag,
meine Erlebnisse, meine Erfolge …
Und siehe: Heimlich machen sich
Ansprüche breit, als stünde es mir zu.
Das Herz weiß es besser:
Unverdiente Geschenke und Leihgaben
sind meine Talente, meine Ergebnisse,
meine Liebe, mein Glück.
Gott der Gnade,
ich will es dir heute Abend ausdrücklich danken,
mich in diesem Dank ausdrücklich freuen
an all der Gnade
und mich anstiften lassen
zu einem pfleglichen Umgang damit.
Auf dass ich sie dir am Abend des Lebens
zurückgeben darf
mit kräftigen Gebrauchsspuren –
aber nicht als taube Nuss …

TRAUEN

Gott meines Lebens,
der Nacht gegenüber waren die Leute
früher sehr reserviert.
Wie ein feindliches Element
wurde sie gefürchtet.
Alles, was Angst machte, hauste in ihr.
Heute haben wir uns die Nächte
vertrauter gemacht.
So lege ich mich schlafen,
ausgesöhnt mit der Nacht.
Ich traue meinen Dunkelheiten
und bin geborgen
im Schatten deiner Flügel …

NISCHE

Gott allen Lebens,
mit vielerlei Nischen, Höhlen und Kammern
hast du deine Schöpfung ausgestattet.
Menschen und Tiere suchen da Zuflucht,
wo die Füchse ihre Höhlen
und die Vögel ihre Nester haben ...
Lass heute Abend alle
einen geschützten Platz finden
und dort dankbar die erquickenden Segnungen
der Nacht erfahren.
Danke für alle Plätze der Ruhe und Entspannung

...

Leichtes Gepäck

Gott unserer Tage und Jahre,
wir laden uns vieles auf
und wollen es mitnehmen.
Du empfiehlst uns durch Jesus leichtes Gepäck.
Ballast abwerfen ist angesagt.
So hilf mir denn,
die Wichtigkeiten dieses Tages zu sichten
und unnötige Last abzugeben.
Was darf ich loswerden,
deiner Sorge anvertrauen?
…

FRIEDEN

Gott des Friedens,
du weißt, wo auf dieser Erde
wirklich Frieden ist.
Und du weißt um die vielen
verminten und verwüsteten Gebiete,
um die vielen zugrunde gerichteten Menschen.
Das Terrain, das ich heute mitgestaltet habe:
Welcher Landschaft wirst du es zuordnen:
dem Garten des Friedens oder den Schlachtfeldern?
Hilf uns, den Frieden zu kultivieren,
und steh allen bei, in deren Miteinander
der Unfriede wuchert...

Herunterfahren

Guter Gott,
die Festplatte von meinem Computer
nimmt es mir übel,
wenn ich ihm einfach den Strom abstelle –
langsam herunterfahren ist angesagt.
Ob es mit meinem Bewusstsein
zum Schlaf hin ähnlich geht?
Du weißt, wo mein Leben sich heute
verzweigt und verknotet hat,
vielleicht auch verzettelt.
Hilf mir, die Spur zurückzufinden,
zum Wesentlichen, zur Liebe –
zum ruhigen Herzensblick nach vorn
mit geschlossenen Augen …

SCHLAGZEILEN DES TAGES

Vater im Himmel,
was heute passiert ist,
ist schon verdichtet worden zu Schlagzeilen.
Du willst es wissen,
was wir für Wichtigkeiten
ausdeuten und ausdrucken.
Aber wenn ich sie dir erzähle,
dann verschieben sich die Gewichte,
Sensationen sind den Redaktionen entgangen,
in kleinen Merkwürdigkeiten und
Ereignissen von heute
verbirgst du dich.
Ich will ihnen nachträumen.
Segne diese Tagesspuren
und die Träume der Nacht ...

MITEINANDER

Gott der Liebe,
wem ich heute begegnet bin
und was ich mit Leuten erlebt habe –
das ist nicht so leicht abzuschließen,
besonders, wo es Ärger
und Missverständnisse gab.
Ich möchte das ja gerne
mit diesem Tag hinter mir lassen.
Und morgen an einem gedeihlicheren
Miteinander knüpfen.
Aber diese schlimmen Spuren sind zäh
und immer wieder kommt Salz
in die alten Wunden.
Ich möchte zumindest einmal
die Selbstgerechtigkeit ablegen.
Unter deinem verständnisvollen Blick
will ich mich trauen
und dich bitten,
dass die ganze ungeklärte Situation,
die sicher irgendwie mit in die Träume geht,
zum Frieden findet.
Stoppe die kapputtmachenden Kräfte
und lass die heilenden siegen …

85
LUST ZU LEBEN

Mein Gott,
es war heute
eine Lust zu leben.
Ich durfte es mit vollen Zügen
genießen: dieses herrliche Leben.
Da will ich dir
von Herzen danken
und einstimmen
in das Lob deiner Liebe.
Es soll mich tragen
durch Tage und Nächte ...

86
SACHLICHKEIT

Vater im Himmel,
ich habe den Bereich verlassen,
in dem ich fest bei der Sache sein musste.
Mit dem Abend und der Nacht
hat sich mir ein anderes Reich aufgetan:
das der Nebensachen, der Kleinigkeiten
und der Liebe.
Als Wanderer zur Ruhe hin
durchschreite ich dieses weite Reich.
Lass meine Seele hier Wurzel schlagen,
besonders in den Träumen.
Dann werden die morgigen Wichtigkeiten
mich nicht so fest in den Griff bekommen.
Und ich spüre –
gleichsam wie im Spiel –
das andere Licht
und seine Seligkeit...

DIE SEELE NACHKOMMEN LASSEN

Recht hatte er schon,
der asiatische Lastenträger,
der sich bei der Bergbesteigung
hinsetzte und sagte:
Ich muss die Seele nachkommen lassen.
Ja, so sitze ich hier an diesem Abend
und will die Seele nachkommen lassen.
Ja, Gott, gönnen wir es ihr –
ihr langsames Zeitmaß des Nachkommens.

Durch die Hektik dieses Tages,
durch die Geröllfelder dieses Tages,
durch die Freuden dieses Tages,
durch die Vermeidungen dieses Tages,
durch die Begegnungen dieses Tages –
komm langsam nach, meine Seele ...

GRUNDMELODIE DANK

Gott, ich horche mich zurück
in das Getriebe dieses Tages,
seine Geräusche
klingen in mir nach.
Ich lausche ihnen
eine Melodie ab.
Töne des Dankes
schwingen in mir.
Ja, mit tanzendem Herzen
sammle ich alles auf,
was ich dir verdanke,
erzähle dir von allen Stunden ...

89
VERLUSTE?

Ja, Gott,
die Verlustangst ist manchmal groß.
Meine Seele schleift sich in den Schlaf,
niedergehalten von dem Argwohn,
sie könnte etwas verpasst haben,
als hätte sie schlechte Karten im Schicksalsspiel,
die sie ganz schnell wieder los werden muss.
Ich bitte dich um die Weisheit,
die Mut macht, die Liebe zu verwirklichen,
und Gelassenheit schenkt
gegenüber den angeblich verpassten Möglichkeiten.
Denn bei dir wird noch einmal alles
neu aufgemischt.
Was dann als Gewinn und Verlust gerechnet wird,
das überlasse ich dir
und der herrlichen Großherzigkeit der Liebe …

90
AUGENLIDER

Ja, Gott,
wie wohl es mir tut,
die Augen zu schließen.
Die Augenlider
legen gnädiges Dunkel
über mein strapaziertes Sehorgan
und über die Seele.
Ich traue dieser Dunkelheit.
mit ihrer leichten, Ruhe schenkenden,
samtenen Barmherzigkeit.
Ich danke dir schon im Voraus dafür.
Wie gut tut das Geschenk des tiefen Schlafes.
Ja, und noch weiter voraus:
Tu es mir dann wieder an,
dass morgen früh
die Lider erleuchtet werden.
Wie durch dünne Marmorfenster
möge dein Frühlicht
meinen Augenlidern zärtlich sein
und der Seele ein erleuchtetes Geleit geben
in einen gnadenhellen Tag...

AUGAPFEL

Gott, wie deinen Augapfel
mögest du mich behüten.
Du weißt um meine Empfindlichkeit
und Verletzlichkeit
und um meine Ängste.
Wie dem Tobit der Spatzenkot
das Auge ruiniert hat,
so ist meine Empfindlichkeit
von allerlei realen und irrealen Gefahren bedroht.
Dein Wesen aber ist Schutz
und schenkt Geborgenheit.
Behüte mich wie deinen Augapfel ...

GESCHENKE

Guter Gott,
die Lebensspanne dieses Tages
war dein Geschenk und dein Auftrag.
Was ich realisiert habe oder nicht,
ich betrachte es jetzt noch einmal als Geschenk.
Darin steckt so viel, was ich dir verdanke:
Gesundheit, Begegnungen, Talente,
Wahrnehmungen, Liebe …
Mach den Dank stark in mir
für diesen geschenkten Tag.
Und so betrachte ich auch
die kommende Nacht
dankbar als dein Geschenk …

93
LIEBE

O ja Gott, die Liebe –
wie hat sie sich versteckt
in den Erinnerungen und Ergebnissen
dieses Tages?
Ich lasse mich noch mal einzaubern
in das Huschen und Haschen
dieses Versteckspiels,
vermute sie hinter Gesichtern und Geschäftigkeiten –
Schweigen und Reden,
Anschauen und Anpacken …
Hier lugt sie ein bisschen hervor,
dort verrät mir die Umgebung etwas von ihr,
woanders hat sie einen Fußabdruck hinterlassen
oder eine silberne Spur.
Hin und wieder finde ich sie auch
sehr verscheucht und verkratzt
und verbeult in ihrem Versteck.
Und sollte ich jetzt
einen Zipfel zu fassen kriegen von ihr,
da spüre ich etwas vom Saum deines Gewandes.
Elektrisierend formst du mein Wesen
in diesem Suchen und Tasten und Anrühren
mit Liebeskraft …

94
ENGEL 3

Gott, deine Engel und mein Schlaf.
Da haben mich schon viele
mit ihrem Botenwesen gestreift.
Der Engel der Verwunderung
und des Erschreckens,
der Engel der Beruhigung und des Trostes,
der Engel der heißen Reue,
der Engel, der Tiefenschichten aufschließt,
der Engel, der mein fallen gelassenes Bewusstsein
sorgsam aufhebt und einfaltet
und noch einer, der mich morgen früh
wieder damit umkleidet
und mit Liebe.
Sind es so viele und noch mehr, mein Gott?
Oder bist du, Einziger und Ewiger,
selbst in all den Zuwendungen um mich bemüht?

Dämmerung

O dies Zwischenlicht,
mein Gott,
wenn du, ganz langsam dimmend,
die Ausleuchtung runterfährst
in unserer Welt!
Das kann sehr heilsam sein
für meine Augen
und alles, was sonst in meiner Seele
fürs Schauen gemacht ist.
Nach prächtigem Aufleuchten
laufen die Farben aus den Dingen
und Dunkelraster bauen sich langsam auf.
Ich ahne, dass Sinn und Sicht der Welt
noch einmal ganz anders sind
als in ausgeleuchteten Tageseindrücken.
Aufbruchsstimmung verbreitet sich –
hin zu der Herrlichkeit,
die nicht von dieser Welt ist.
Und etwas davon trinkt meine Seele
in dieser Dämmerung...

AUGENMUSTER

Guter Gott, manchmal,
wenn ich den Tag abschließe
und die Augen schließe,
manchmal beschäftigen mich
dann die Leuchtreflexe
hinter den geschlossenen Lidern.
Feuerbälle und Farbwolken
bauen sich auf und verhuschen,
anderen Farben Platz machend.
Manchmal sehe ich Sterne
und die gesehenen Lichtquellen glühen nach.
Wie abstrakte Malerei verglimmt der Tag.
Und manchmal ahne ich auch da
die Hand eines Malers,
die selbst auf der Palette noch zu spüren ist...

ELTERNABEND

Gott unseres Heils,
es gibt Tage, in denen das Schicksal
unserer Kinder mich besonders beschäftigt:
bis in das Abendgebet hinein.
Mit all ihren guten Knospen und Ansätzen,
Erlebnissen und Freundschaften,
Freuden und Sehnsüchten –
aber auch mit ihren Problemen, ihrem Scheitern,
mit ihren schieren Aussichtslosigkeiten –
und mit meiner Hilflosigkeit.
Ich empfehle sie dir nicht zum ersten Mal an.
Dass wir den Mut nicht sinken lassen,
dass wir ihnen ein griffiges Profil
der stetigen und klaren Liebe geben können,
dass wir aber auch nicht
über unsere Kräfte gefordert werden.
Noch besser als mein elterlicher Zutrauensblick
kennst du ihren guten Kern und ihren Wert,
ihre Eigenart und ihre Talente ...
Ich brauche dich sehr nötig für sie.

ELTERN

Gott, unser Vater,
du weißt, wie sich die Beziehung
zu meinen Eltern entwickelt:
bereichernd oder verkümmernd,
kommunikativ oder mit Sendepausen,
in diesem Leben
oder auf das ewige hin.
Ich bitte dich
um die gesunde Distanz
und die heilsame Nähe,
auf dass ich als erwachsener Mensch
ein neues, geschwisterliches Verhältnis aufbaue –
ein Milieu, in dem Jung und Alt gedeihen
unter deiner himmlischen Vaterschaft.
Was mich betrifft: mit Dank und Liebe ...

99

ERZÄHLUNG
(WEGBESCHREIBUNG)

Vater im Himmel,
kannst du mir folgen?
Wo ich heute überall gewesen bin,
das möchte ich im Geist mit dir
noch einmal abschreiten
und auf diesem Weg beherzigen.
Dort ging es los ...
Da war ich unterwegs ...
Dort hab' ich gearbeitet ...
Dort habe ich innegehalten ...
Dort habe ich Stress gehabt ...
Dort bin ich lieben Menschen begegnet ...
Da habe ich gestöhnt und geschwitzt ...
Da habe ich eine Krisenerfahrung gemacht ...
Da habe ich gute Weggenossen gehabt ...
Da bin ich mehr getanzt als gegangen ...
Da bin ich rumgefahren ...
Da bin ich im Stau gewesen ...
...
dein Segen und deine Nähe –
ich danke dir alle Tage meines Lebens ...

GOTT, WENN ES DICH GIBT

Gott, du bist mir fraglich
und so spreche ich
mit dir unter dem Vorbehalt,
dass es dich überhaupt gibt –
ein widersprüchliches Tun.
So widersprüchlich
wie mein Bemühen,
die Gottesfrage offen zu halten
um der Wahrheit willen.
Wenn es dich gibt,
dann lass nicht alles in der Schwebe.
Hilf uns zu klarem Tun der Liebe …

AMEN

Gott, ein gutes
Schlusswort haben wir
in unseren Dialogen.
Es ist das Ja und Amen –
mehr ein Aufschlusswort
als ein Abschlusspunkt.

Ich behaupte nicht,
dass dieser Tag in allem so war,
dass er locker abzuhaken ist.
Ich spüre deutlich,
wo du mich in Frage stellst.
Du aber sollst das letzte Wort haben.
Jesus hat es uns
als gute Bestätigung verheißen
und als Mut zum Neubeginn:

AMEN.

Der Autor ist Pfarrer im Bistum Limburg.

Email-Adresse für willkommene Rückmeldungen:

moritz.erbach@web.de

Andere Abendgebete von ihm sind eingestellt

bei der »Katholischen Glaubensinformation«:

www.autobahnkirche / spiritualität / gebete

Weitere Bücher von Albert Dexelmann bei Herder

KRANKE BEGLEITEN

Anregungen und Beispiele für die Praxis der
Krankenpastoral in der Gemeinde

144 Seiten, Paperback – ISBN 3-451-27338-1
Kranke Menschen brauchen die seelsorgerlicher Begleitung in
besonderem Maße. Dieses Buch hilft in Fragen der Organisation
und der seelsorgerlichen Betreuung. Es zeigt, in welcher Form
Sakramentspendung geschehen kann, und bietet Hilfen für
Gebet und Ansprache in verschiedenen Situationen – vom Dank
für Genesung bis hin zum Abschied von Sterbenden. Auch bietet
es Anregungen und Vorschläge für Gottesdienste mit Kranken,
Angehörigen und Pflegenden.

SCHENK UNS NEUES LEBEN

Gottesdienste und geistliche Impulse für alle Werktage
der Fastenzeit

184 Seiten, Paperback – ISBN 3-451-27715-8
Albert Dexelmann zeigt Möglichkeiten auf, Gottesdienste
während der Fastenzeit als eine Zeit der Umkehr und Besinnung
zu gestalten. Seine Stärke sind besonnene, kreative Texte, die eine
tiefe Spiritualität atmen für jeden Werktag der Fastenzeit. Anschließende Anregungen für Exerzitien im Alltag runden das Angebot ab. Als Materialsammlung für die Gottesdienste finden sich
Segensworte für jeden Tag, Gebete, Tipps zur Messgestaltung
und Einstiegs- möglichkeiten in spirituelle Gespräche u.v.a.m.

In jeder Buchhandlung!

HERDER

Inspirationen für jeden Tag des Jahres

Anselm Grün MIT HERZ UND ALLEN SINNEN

Jahreslesebuch

400 Seiten, mit 12 Abbildungen, Halbleinen, mit Lesebändchen
ISBN 3-451-26793-4
Eine Quelle der Inspiration, zugleich ein moderner Seelenfüh-
rer zu einem Leben aus ganzem Herzen und mit allen Sinnen.

Phil Bosmans LEBEN JEDEN TAG Ein Jahresbegleiter

400 Seiten, mit 12 Abbildungen, Halbleinen, mit Lesebändchen
ISBN 3-451-26715-2
Kurze, prägnante Texte für jeden Tag. Hier zeigt sich die Kunst
von Phil Bosmans, mit Menschen ins Gespräch zu kommen, sie
voller Sympathie und Humor unmittelbar anzusprechen.

Henri J. M. Nouwen LEBEN HIER UND JETZT

Jahreslesebuch

400 Seiten, mit 12 Abbildungen, Halbleinen, mit Lesebändchen
ISBN 3-451-27366-7
Leben – hier und jetzt: Das ist das Versprechen dieses Buches. Tex-
te, die das ganze Spektrum unseres Menschseins ausleuchten.

Anton Rotzetter WO AUF ERDEN DER HIMMEL

BEGINNT – Jahreslesebuch

400 Seiten, mit 12 Abbildungen, Halbleinen, mit Lesebändchen
ISBN 3-451-27590-2
Die Texte begleiten durch das ganze Jahr und inspirieren zu
einem Leben, in dem sich der Himmel auf Erden zeigt.

HERDER

Spirituell leben in unserer Zeit

Richard Rohr

HOFFNUNG UND ACHTSAMKEIT

Spirituell leben in unserer Zeit

256 Seiten, Paperback – ISBN 3-451-27584-8
Argumente und Anregungen für eine zeitgemäße Spiritualität.
Richard Rohr zeigt neue Wege auf: Wege einfühlsamen Erkennens, worum es heute im Leben der Menschen geht, wer wir
sind, was wir suchen, was wir vergessen haben.

Jean Vanier

EINFACH MENSCH SEIN

Wege zu erfülltem Leben

192 Seiten, Paperback – ISBN 3-451-27404-3
Vanier öffnet das Tor zur Spiritualität, indem er Erfahrungen der
Zugehörigkeit, der Freiheit, der Versöhnung, der Offenheit für
andere und für den eigenen Wandel meditiert – auf dem Hintergrund des eigenen Erlebens.

Anselm Grün

DER HIMMEL BEGINNT IN DIR

Das Wissen der Wüstenväter für heute

144 Seiten, Halbleinen – ISBN 3-451-27184-2
Die Spiritualität der Wüstenväter für heute meisterhaft erschlossen. Anselm Grün schöpft aus den geistlich weit zurückliegenden, verborgenen Quellen eines Wissens, die wie neu in unser
Leben sprudeln.

HERDER

Weitere Gebetbücher

Adalbert L. Balling

GOTTESSPUREN IN MEINEM LEBEN

Gebete für ältere Menschen – Großdruck

176 Seiten, gebunden – ISBN 3-451-26178-2
Ballings ganz lebensnahe Gebete können Türen öffnen zu dem, worauf es eigentlich ankommt – zu erfahren und zu wissen: Ich bin der von Gott geliebte Mensch.

Anton Rotzetter

GOTT DER MICH ATMEN LÄSST

Gebete des Lebens

286 Seiten, Halbleinen – ISBN 3-451-27321-7
Anton Rotzetter versammelt in diesem Buch über 300 Gebete zu bestimmten Zeiten des Tages, des Jahres und zur Vielfalt der Lebensthemen und -erfahrungen.

Antje S. Naegeli

DU HAST MEIN DUNKEL GETEILT

Gebete an unerträglichen Tagen

120 Seiten, Halbleinen – ISBN 3-451-27477-9
Das einfühlsame Trostbuch für Menschen im Dunkeln des Lebens. Worte wie ein Weg: nicht um vor dem Schmerz zu fliehen, sondern um zu erfahren, wohin wir mit dem Schmerz gehen können.

In jeder Buchhandlung!

HERDER